STRATÉGIES FOREX

STRATÉGIES FOREX

STRATÉGIES FOREX

 STRATÉGIES FOREX

 STRATÉGIES FOREX

CONTENU

Qu'est-ce que le trading Forex?

Importance du trading Forex

Quatre principaux types d'ordres sur le marché Forex

Mouvements de prix du trading Forex: comment et pourquoi les marchés évoluent et comment faire des bénéfices

- Vous prédisez les tendances des dépenses Forex
- Le marché obéit aux lois scientifiques
- Les affaires peuvent se faire à partir des nouvelles
- Tendances actuelles des dépenses
- Gagnez le concours
- Soyez imparfait mais jamais perdant

Traders Forex: La nécessité d'être objectif

- Outils pour trader le Forex
- La stratégie des trois lignes de tendance

Comment gagner avec le Forex: les secrets étape par étape

- Le succès vient de l'intérieur

STRATÉGIES FOREX

- Discipline et pertes
- Un avantage commercial
- Le succès est entre vos mains

Les dangers de l'émotion sur le commerce de forex

Stratégie de trading Forex - Répartition des canaux

Forex Killer contre Forex

Stratégie de puissance

Le bon moment dans le commerce de forex

- Utilisation appropriée du support et de la résistance
- Pourquoi acheter bas et vendre haut ne fonctionne pas
- Vous devez avoir le courage, mais vous gagnez de l'argent

L'importance des graphiques Forex en temps réel

Calcul des intérêts sur

Trading Forex

Les avantages du trading Forex automatisé

Choisir le bon logiciel de trading Forex automatisé

 STRATÉGIES FOREX

Qu'est-ce que le trading Forex?

Le trading sur le Forex implique le trading de devises internationales. Ici, vous pouvez vendre la devise d'un pays pour acheter celle d'un autre. Le trader négocie en devises [Forex] au moment le plus approprié pour bénéficier de la transaction. Une bonne capacité de prévision joue un rôle clé à cet égard. On peut se demander comment le trading Forex peut être une opportunité de profit si lucrative car les fluctuations de l'échange sont si faibles.

Mais rappelez-vous que lorsque vous effectuez des volumes élevés, un changement mineur peut aller très loin. Il présente également de nombreux avantages non monétaires. Quiconque veut faire du

 STRATÉGIES FOREX

commerce de Forex peut le faire, car seules les connaissances de base sont requises pour cela.

Le Forex peut vous aider à gagner beaucoup d'argent. Mais il y a certaines conditions à respecter avant de trader sur le Forex. Tout d'abord, vous devez avoir une compréhension approfondie des tendances du marché boursier, les principes fondamentaux du trading et la capacité de prendre des risques. Vous obtiendrez toute l'aide dont vous avez besoin pour atteindre ces conditions très facilement.

Il existe de nombreux sites sur Internet qui peuvent vous aider à clarifier vos principes fondamentaux et à faire face aux intempéries. Une bonne raison pour laquelle le trading du Forex peut être envisagé est le fait qu'il y a des fluctuations fréquentes des devises, bien qu'en pourcentage, il puisse être faible.

 STRATÉGIES FOREX

Vous gagnez si la fluctuation vous favorise et l'inverse est également vrai. Personne ne peut prédire avec précision la tendance des pièces. La liquidité est une autre raison pour laquelle le trading Forex est si populaire.

Maintenant, la partie la plus importante - dans le Forex, vous pouvez faire de grosses sommes d'argent même si votre investissement initial est inférieur. Vous pouvez investir aussi peu que 50 000 $. Les riches n'ont pas de plafond d'investissement. N'oubliez donc pas que même avec un investissement nominal, la capacité de gain est certainement très importante.

La plupart des grandes entreprises sont connectées au monde Internet aujourd'hui, et le trading sur le Forex ne fait pas exception. Vous pouvez échanger des devises depuis chez vous. En fait, cela se fait entièrement en ligne. Vous avez la liberté de choisir quand vous voulez trader et vous n'avez pas besoin de respecter de délais.

Fondamentalement, vous pouvez être votre propre patron. Le processus de trading en ligne est assez simple pour que quiconque puisse le comprendre. Il vous suffit d'ouvrir un compte pour trader le Forex avec un courtier reconnu et ils accompliront le reste des formalités. Il vous suffit de vous préparer avec le montant de votre investissement.

Par conséquent, il est clair que le trading sur le Forex peut être l'une des meilleures entreprises pour gagner de l'argent. Bien qu'il y ait un niveau de risque associé, mais il peut être évité avec la prudence requise et un esprit alerte!

 STRATÉGIES FOREX

Importance du trading Forex

Le change [Forex] consiste à changer différentes devises étrangères pour réaliser un profit. La raison d'acheter la devise d'un autre pays peut être la nécessité d'acheter également des marchandises de ce pays, en plus de gagner de l'argent grâce à la différence des taux de change.

Dans ce dernier cas, les gens achètent des devises d'un pays étranger lorsque le taux du marché est bas et les revendent lorsque les taux augmentent. Le commerce des devises est normalement effectué entre les banques centrales, le gouvernement, les spéculateurs et les sociétés multinationales. Les nations ne peuvent pas commercer entre elles sans la présence d'un marché étranger.

 STRATÉGIES FOREX

Une grande quantité d'argent est échangée quotidiennement sur le marché Forex, bien que le montant investi par un trader individuel puisse être très faible. Personne individuellement ne peut influencer les fluctuations du Forex, pas même le gouvernement. Par conséquent, on peut facilement conclure que le niveau de la monnaie reflète la force ou la faiblesse de l'économie d'un pays. Cela fait du marché Forex un bon endroit pour la concurrence.

Le gouvernement et la banque centrale tentent de stabiliser la monnaie de leur pays en spéculant, achetant et vendant des pièces au bon moment. Cependant, ils peuvent influencer le marché en effectuant des transactions à volume élevé. Pour acheter leur propre monnaie, cependant, le gouvernement ou la banque centrale doit avoir d'énormes réserves de change avec eux. Par conséquent, il est pratiquement impossible de gonfler artificiellement la valeur de la pièce.

Les banques font beaucoup de trading de devises et cela fait partie du volume du marché Forex. Ils achètent des devises non seulement en tant qu'entités individuelles, mais aussi au nom de leurs clients. Ils négocient avec de nombreux futurs. Il y a encore quelques années, les courtiers pouvaient influencer les volumes d'échanges sur le marché Forex. Mais en raison des services électroniques disponibles aujourd'hui, les services des courtiers ne sont pas nécessaires. Il est facile à utiliser électroniquement.

Le commerce avec les pays internationaux n'est possible qu'avec l'existence de marchés Forex. Lorsqu'il n'y a pas de marché Forex, il n'y a pas de monnaie commune entre deux pays, donc on ne peut pas évaluer la valeur d'une monnaie par rapport à l'autre.

L'acheteur paie le vendeur dans la devise du vendeur. Avec l'argent ainsi reçu, le vendeur achète des marchandises dans le pays de l'acheteur et les vend dans son pays [vendeur].

Ce n'est qu'alors que vous pourrez savoir combien vous avez gagné à l'exportation. Cependant, en présence d'un marché Forex, il est très facile pour un vendeur de connaître ses gains au moment où il effectue une opération d'exportation. De même, l'acheteur aura également une compréhension approfondie du coût qui devra être engagé pour acheter des marchandises dans un pays international.

 STRATÉGIES FOREX

Quatre principaux types d'ordres sur le marché Forex

Il existe de nombreux types d'ordres que les traders peuvent passer pour effectuer des transactions sur le marché Forex, afin d'en tirer des avantages.

Ordre de marché

L'ordre du marché est le plus simple et le plus courant. Dans ce cas, l'opérateur achète et vend la devise au taux de change en vigueur sur le marché au moment de la commande. En raison de la grande taille du marché et de la forte volatilité, les tendances peuvent être inversées à tout moment, de

sorte que les gens préfèrent passer des commandes au prix du marché pour se protéger de toute tendance défavorable.

Ordonnance de restriction

Dans ce cas, le trader spécifie un prix auquel il peut vouloir acheter ou vendre la devise. Supposons qu'un trader ait acheté GBP contre USD à 1,9710, il peut alors passer un ordre de vente à 1,9725, lorsque la bourse exécute l'ordre et en profite. La commande sera annulée si le prix cible n'est pas atteint dans la journée.

Ordre Stop Loss

En raison de la volatilité, les stop loss sont essentiels. Ils déterminent la perte maximale qu'un commerçant est prêt à subir. Supposons que dans le cas précédent, la capacité de risque de l'opérateur soit faible, il peut donc placer un stop loss à 1,9705, niveau auquel l'échange enregistrera des pertes pour lui et ne sera affecté par aucune baisse en dessous de 1, 9705.

Ordre d'entrée

Cet ordre n'est exécuté que lorsque certaines conditions de marché sont remplies, ce que précise l'ordre. L'ordre d'entrée peut être un ordre d'entrée limité ou même un ordre d'entrée d'arrêt.

Ordre d'entrée limité

Par exemple, supposons que le prix actuel du marché pour GBP / USD soit 1,9705-10. Cela implique que le commerçant peut effectuer des transactions à ces niveaux. Ici, un trader peut placer un ordre d'entrée limité pour vendre ses actions à un prix supérieur au prix du marché, par exemple 1,9715. Votre commande ne sera exécutée que si ce prix est atteint. De la même manière, vous pouvez placer un ordre d'achat à un niveau de, disons, 1,9700, et votre ordre "d'achat" restera en attente jusqu'à ce que le prix tombe à ce niveau.

Mandat d'arrêt d'entrée

Cet ordre est généralement utilisé lorsque le trader a des raisons suffisantes de croire que la devise se négocie dans une fourchette fixe et estime qu'il est sur le point de se détacher de cette fourchette. Vous voudrez peut-être acheter à un prix supérieur au prix du marché ou vendre à un prix inférieur au prix du marché. Dans le même exemple, le trader peut aller de l'avant et acheter à 1,9720 ou vendre à 1,9690, où il pense qu'une fois ces niveaux atteints, la devise ne fera qu'augmenter ou baisser davantage, selon le cas. Un trader n'exerce l'ordre d'entrée stop que lorsqu'il a des raisons raisonnables de croire qu'il y aura des mouvements brusques des taux de change sur le marché Forex.

STRATÉGIES FOREX

Mouvements de prix du trading Forex: comment et pourquoi les marchés évoluent et comment faire des bénéfices

Comprendre les tendances des dépenses Forex n'est pas facile. Les hommes d'affaires ont souvent des idées fausses et élaborent des agendas en fonction d'eux et subissent des pertes. Les éléments suivants peuvent vous aider à comprendre les tendances:

 STRATÉGIES FOREX

Vous prédisez les tendances des dépenses Forex

Les hommes d'affaires observent un certain niveau et y sautent en pensant qu'il est stable. Cependant, cela est simplement basé sur des hypothèses et cela ne fonctionne jamais dans le secteur du Forex. Il n'y a pas de prédiction précise.

Si l'objectif est de gagner, vous devez baser votre activité sur les tendances des dépenses de tir en toute sécurité. À cet égard, certains facteurs sont énumérés ci-dessous.

Le marché obéit aux lois scientifiques

Il y a une notion qui croit que les tendances du marché sont basées sur la logique. Certains croyants sont Gann, Elliot et les adeptes de Fibonacci.

Cependant, si tout le monde savait tout, les prix n'auraient jamais été une surprise et les marchés seraient inexistants. Le profane accepterait ces idées et leurs fantastiques suggestions. Cependant, les faits disent le contraire.

 STRATÉGIES FOREX

Les affaires peuvent se faire à partir des nouvelles

Ce n'est pas conseillé, car les nouvelles sont insignifiantes. La façon dont l'actualité est censée décider des mouvements. Voyons comment les tendances se produisent.

Tendances actuelles des dépenses

Concepts de base + vision individuelle d'eux=tendances du marché Forex

Les gens sont rarement rationnels. Ils fonctionnent souvent émotionnellement, donc le raisonnement logique n'est pas toujours vrai. La véritable psychologie

humaine est cohérente, mais ces problèmes n'ont pas de logique:

1. Les gens poussent les coûts à l'extrême et ces points de cheminement peuvent être utilisés de manière rentable.

2. Continuez vos affaires. Ne vous lancez pas dans des énigmes.

Gagnez le concours

Le Forex est un sport et la compétition est basée sur l'opportunité. Vous ne pourrez peut-être pas déterminer les possibilités, mais vous ne perdrez jamais.

Cela ne s'applique pas à tous les cas, mais essayez des situations à forte probabilité et vous gagnerez sûrement le gâteau avec très peu de pertes. Faites de gros profits en temps voulu.

La cupidité et la panique font fluctuer les coûts, créant des points qui sont visibles dans les programmes Forex et qui peuvent être utilisés de manière rentable.

C'est un jeu pour que lorsque les prix fluctuent de votre côté, vous vous mettez au travail. Contrôlez bien vos finances et soyez un gagnant.

Soyez imparfait mais jamais perdant

Les marchés du Forex sont pleins de ceux qui essaient de deviner et d'essayer d'obtenir un numéro de tendance inexistant non divulgué. Même si les tendances de dépenses Forex semblent désordonnées, baser votre entreprise sur les fluctuations de coûts fera de vous un gagnant.

Ce n'est peut-être pas une entreprise idéale pour beaucoup, mais si elle est bien faite, vous pouvez gagner beaucoup d'argent grâce au trading de devises.

STRATÉGIES FOREX

Traders Forex: La nécessité d'être objectif

Il est difficile pour les traders du Forex de réaliser que le marché des devises est extrêmement imprévisible. Comme les nouveaux traders passent beaucoup de temps à essayer d'apprendre les mécanismes du trading de devises et concentrent leur temps et leur énergie à essayer de trouver une méthode pour prédire les mouvements, ils s'attendent naturellement à ce qu'il y ait des règles pour régir le mouvement du marché. Ce n'est pas le cas, de nombreux commerçants sont désavantagés.

Alors que les traders du Forex ont un certain nombre d'outils à leur disposition qui leur permettent de juger du bon moment pour ouvrir ou fermer une position, beaucoup préfèrent s'appuyer sur un seul outil. Ainsi, lors de l'ouverture d'une position, ils observent leur indicateur préféré et, dans une large mesure, basent leurs décisions de trading uniquement sur celui-ci, en ignorant les autres.

Cela fonctionne assez bien jusqu'à ce que cet indicateur commence à vous dire quelque chose de différent de ce que sont les autres. Les traders pris dans une position ouverte que leur outil préféré leur dit de détenir le feront souvent, malgré le fait que d'autres outils leur disent de fermer et de quitter le marché, et finissent par perdre de l'argent.

Le problème fondamental, bien sûr, est que l'opérateur ne regarde pas le marché tel qu'il est, mais à travers l'objectif de ses propres attentes à cet égard et utilise également son indicateur préféré pour renforcer ces idées au lieu de regarder la situation dans son ensemble. Et, porté par le fait que l'indicateur choisi est la prévision des profits qu'il souhaite, l'opérateur se concentre plus sur l'argent que sur le marché.

Si le marché du Forex n'était pas imprévisible, il s'effondrerait car tous les traders en bénéficieraient tout le temps. Il existe de nombreux outils qui peuvent aider les traders à prédire la direction du marché et à faire généralement un travail efficace. Mais même entre les mains des traders les plus expérimentés, les meilleurs outils ne parviennent pas toujours à prévoir correctement les mouvements du marché.

Perdre dans le trading en raison d'une mauvaise prévision du marché est une partie innée du trading Forex et les traders doivent l'accepter. De plus, ils doivent apprendre à éviter d'être dans une position où ils n'ont pas beaucoup d'options.

Pour ce faire, le trader doit accepter le fait que le marché des changes a son propre esprit et que les traders doivent suivre ses mouvements plutôt que d'essayer de le faire avancer dans la direction qu'ils souhaitent.

Outils pour trader le Forex

Il n'y a pas un seul outil super intelligent pour trader le Forex qui vous donne du profit, du profit et plus de profit. La seule solution possible consiste à utiliser une combinaison de différents outils pour identifier les forces du marché favorables et obtenir un nombre maximum de transactions à forte probabilité sur une période de temps. Les courbes de tendance sont l'outil de trading Forex le plus populaire et le plus fiable dont de nombreux traders à succès témoignent.

La stratégie des trois lignes de tendance

Les lignes de tendance sont un outil important pour identifier et confirmer les tendances de l'analyse technique. Il s'agit d'une ligne droite qui relie deux ou plusieurs prix, puis s'étend vers l'avenir pour vous guider.

Il y aura des lignes tracées à travers des bas significatifs dans une tendance haussière et des hauts significatifs dans une tendance baissière. Pour classer plus ou moins les lignes de tendance, nous pouvons les diviser en trois: lignes de tendance à court terme, lignes de tendance à moyen terme et lignes de tendance à long terme.

1. Lignes de tendance à court terme

Tracez ces lignes à travers les deux plus bas pour une tendance à la hausse ou à travers les deux plus hauts pour une tendance à la baisse. Les meilleures observations sont dans un laps de temps plus court, comme un graphique de 15 ou 30 minutes.

2. Lignes de tendance à moyen terme

Ceux-ci sont mieux visibles dans un laps de temps plus élevé, comme sur un graphique de 60 minutes. Relie l'action de prix la plus proche de l'action de prix significative la plus proche de l'action de prix actuelle à l'action de prix significative précédente dans une tendance haussière ou l'action de prix significative la plus proche de l' action de prix actuelle avec l'action de prix significatifs précédents dans une tendance à la baisse.

 STRATÉGIES FOREX

3. Lignes de tendance à long terme

Utilisez des délais plus longs comme le graphique à 4 heures ou le graphique journalier pour tracer des lignes de tendance à long terme en utilisant la même méthode que les lignes de tendance à moyen terme. La ligne de tendance à long terme est considérée comme un outil efficace pour trader le Forex. Le graphique journalier est principalement utilisé par les opérateurs de grandes institutions qui n'effectuent généralement pas de petits mouvements au niveau intrajournalier.

En traçant une ligne de tendance sur un graphique journalier, vous pouvez analyser graphiquement où se trouve le prix et où il est susceptible de rebondir. Mais utilisez les lignes de tendance comme un outil pour trader le Forex avec prudence et discrétion. Couvrir vos graphiques avec toutes les lignes de tendance possibles entraînera une confusion et une analyse floue.

STRATÉGIES FOREX

Ce n'est pas une bonne idée de faire entièrement confiance à une ligne de tendance à court terme. Ils vous donnent simplement une image précise de l'action actuelle des prix. Celles-ci se cassent souvent au cours d'une journée. Son utilisation principale est de vous fournir une représentation graphique claire et immédiatement reconnaissable du comportement des prix actuels.

Si vous remarquez que le prix a retesté une ligne de tendance dans les délais plus élevés, examinez d'autres facteurs. Tracez des lignes horizontales pour marquer le support clé et la résistance en utilisant les hauts et les bas ci-dessus. Dessinez les niveaux de retracement et d'extension de Fibonacci. Calculez les points de retournement quotidiens et mettez-les sur votre graphique. Affichez les 200

EMA (moyenne mobile exponentielle) sur vos graphiques.

 STRATÉGIES FOREX

Comment gagner avec le Forex: les secrets étape par étape

Lorsque 95% des commerçants perdent de l'argent, qu'est-ce qui vous fait penser que vous pouvez gagner? Pour voir vos chances de succès en tant que trader Forex, voici une liste de contrôle pour vous de voir et de devenir l'un des traders d'élite, qui réalisent d'énormes profits à long terme.

Voici quelques façons de perdre de l'argent. Vous voudrez peut-être changer d'avis immédiatement si vous envisagez d'essayer l'un d'entre eux. Faites-le pour éviter les pertes et continuez votre éducation Forex!

 STRATÉGIES FOREX

1. Suivre un robot Forex avec des gains simulés - Vous pouvez apparemment réussir sans aucun effort comme promis par eux. Vous êtes invité à accepter vos enregistrements de suivi simulés en sauvegardant. Votre capital sera détruit en les testant.

2. Day Trading et Scalping - En raison de la volatilité aléatoire à court terme, cela ne fonctionne tout simplement pas. Comme les robots, même les gens qui les vendent ont toujours une histoire simulée.

Beaucoup plus de ceux-ci entrent dans la catégorie d'essayer de trouver quelqu'un d'autre qui réussira. Cela ne fonctionne pas sur les marchés des devises.

En plus d'avoir besoin d'un avantage commercial, vous devez également comprendre les voies et les raisons qui mènent au succès. Examinons cela en détail.

Le succès vient de l'intérieur

Combiner une aide simple et robuste à la compréhension et au commerce avec discipline est ce qu'est le trading de devises.

Vous devez savoir ce que vous faites pour échanger avec discipline. Cela se traduit par la confiance, qui n'est certainement pas obtenue de quelqu'un qui vous dit quoi faire. Vous gagnez en confiance grâce à vos propres connaissances et à votre apprentissage.

 STRATÉGIES FOREX

Discipline et pertes

Comme vous devez continuer à exécuter des signaux de trading pendant des périodes manquées, la discipline est difficile. Cela doit continuer jusqu'à ce que vous frappiez un home run, même lorsque le marché vous trompe et prend votre argent.

Un avantage commercial

Ce qui sépare votre système d'échange de devises des perdants de 95%, c'est votre avantage commercial. Vous pouvez dire quel est votre avantage commercial et comment il vous aidera à battre la majorité. Vous n'en avez pas si vous ne savez pas ce que c'est.

STRATÉGIES FOREX

Rares sont ceux qui réussissent simplement à rechercher du trading de devises. Ces éléments sont présents dans la stratégie commerciale des lauréats:

Utilisation d'un système d'échange de devises simple et robuste

- Avoir une base solide dans les principes fondamentaux du trading de devises

- Savoir exactement pourquoi votre système mènera au succès

- Ayez confiance et discipline pour suivre votre plan

- Sachant qu'eux seuls sont responsables de votre succès dans le trading Forex

Vous devez être seul, avoir confiance en vos actions et être discipliné pour suivre votre plan de trading de devises.

Le succès est entre vos mains

Cela semble simple, cependant, cela dépend vraiment de votre approche du trading de devises - avec la bonne mentalité et la bonne éducation. Le trader se surpasse, plutôt que le marché ne le bat dans le trading de devises.

Apprenez les bases, obtenez le bon système, soyez confiant, prenez une longueur d'avance et soyez discipliné. Faites tout cela pour profiter du succès du trading de devises.

 STRATÉGIES FOREX

Les dangers de l'émotion sur le commerce de forex

S'exciter en bourse est la pire chose qui puisse arriver aux investisseurs. Il en va de même pour les traders Forex. Voir les pertes de papier dans le commerce quotidien est assez courant.

Une fois que vous avez pris la décision d'acheter quelque chose et de faire une perte, vous vous accrochez toujours, même si les situations vont de mal en pis, simplement parce que vous avez l'impression que les choses pourraient redevenir en votre faveur. Le principal problème ici est que la décision de rester longtemps dans une opération perdante est émotionnelle, car vous n'êtes pas d'humeur à accepter une perte et à quitter l'opération.

 STRATÉGIES FOREX

Le marché Forex est largement influencé par le marché général et vous devez toujours négocier sur la base d'indications basées sur le marché, et pas seulement en commencer un comme votre cœur vous le dit. Parfois, vous pouvez être si émotionnellement attaché à une devise donnée sur le marché Forex que la plupart de votre exposition au marché Forex serait dans cette devise particulière.

Il n'y a rien de mal, comme si vous avez des raisons raisonnables de croire que la pièce fonctionnera bien, alors vous bénéficierez vraiment du changement. La «mauvaise chose» est d'ouvrir un commerce dans une devise simplement parce que votre cœur vous le dit.

Dans le cas, si vous pensez fortement à une devise, il est préférable de vérifier la réalité en tenant compte de ce que le marché

indique. Cela vous donnera une idée claire de l'opportunité d'échanger ou non cette devise.

La chose fondamentale à retenir est qu'une fois qu'une opération a commencé et que des pertes de papier sont encourues, et selon toutes les indications, les choses sont susceptibles de s'aggraver pour vous, il est donc préférable de tenir compte des pertes et en sortir au lieu de s'y tenir jusqu'au point où, finalement, vous pourrez en voir quelques gains. N'oubliez pas que les marchés ont peu de place pour l'émotion.

Le commerce de forex n'est pas une situation gagnant-gagnant. Préparez-vous à perdre sur certains métiers aussi. C'est ainsi que fonctionne le marché. Il ne s'agit pas vraiment de savoir si vous avez raison ou non, le fait est que les marchés évoluent de manière inattendue et ont la capacité de surprendre les gens quand ils s'y attendent le moins. Tous les fondamentaux et même

 STRATÉGIES FOREX

l'expérience peuvent être jetés en l'air lorsque les marchés décident de faire quelque chose.

Suivez donc les instructions du marché. Si vous sentez qu'après le démarrage d'une opération, les choses ne se passent pas comme prévu, réservez vos pertes et en sortir. Vous pouvez investir le montant dans une autre opération et faire de bons bénéfices au lieu de conserver votre opération perdue.

STRATÉGIES FOREX

Stratégie de trading Forex - Répartition des canaux

Le système Forex est le plus grand commerce mondial. Profitez de quelques mouvements pour que les hommes d'affaires gagnent bien. Un agenda commercial Forex accepté qui est utilisé de manière très rentable dans les affaires s'appelle Channel Breakout.

Canaux de trading Forex - Les canaux se composent d'itinéraires établis selon un calendrier pour suivre la matrice où l'échange a été effectué au cours d'une période de temps. Ils peuvent être facilement construits. Examinez la chronologie au fil du temps et tracez des lignes reliant des dépenses commerciales en espèces relativement élevées, et à la baisse sur la liaison de dépenses commerciales en espèces relativement faibles. Cela vous donnera une image de la matrice commerciale existante sur une période d'environ six mois.

Breakout Channel - Une fois que la valeur d'échange augmente à travers la ligne de crête du réseau, il y a une fuite croissante du réseau. De plus, une fois que la valeur tombe en dessous du point le plus bas du réseau, une fuite vers le bas du réseau est obtenue. Des échappements réseau se produisent de haut en bas. Avec suffisamment d'informations Forex avec un examen scientifique approfondi, tout le monde peut utiliser le processus pour obtenir un programme commercial d'échange rémunéré.

Les canaux doivent être construits très soigneusement. Chaque rencontre de lignes n'indique pas une sortie adéquate. S'il y a une erreur dans la construction de la ligne, ce que vous voyez est une entreprise en dehors du parent, qui vous ramène simplement à l'intérieur. Par conséquent, tout d'abord,

acquérez suffisamment de connaissances sur le Forex.

Contrôle acquis des canaux Forex - Lorsque vous découvrez comment fonctionnent les réseaux, des bénéfices se produisent. Bâtissez l'entreprise avec suffisamment de pauses. Ainsi, en cas de signal de fuite incorrect, vous obtiendrez des pertes tolérables ou si la chance vous favorise, un profit très faible.

Mais si vous êtes sur le côté droit d'une coupure de réseau appropriée, le petit défaut que vous avez reçu sera supprimé et vous ferez un bon et satisfaisant profit.

Tout actionnaire Forex digne de ce nom capitalise sur les fuites de canaux. Dans le cas où vous souhaitez être payé sur les marchés des devises, passez un certain temps sur l'éducation Forex pour construire ce programme et divers processus d'examen technologique.

Cela renforcera les programmes d'échange, ce qui aura des conséquences bénéfiques. Si vous n'avez pas le temps de bien comprendre les paris et les retours contenus dans un agenda commercial Forex, vous n'obtiendrez peut-être pas les conséquences souhaitables. Comme vous pouvez le voir, votre profit dépend de vous.

Forex Killer contre Forex Stratégie de puissance

Pour ceux qui s'intéressent à l'énorme marché des devises de 3 billions de dollars par jour, il est de notoriété publique que pour rester sur le côté droit du marché Forex, vous avez besoin de découvrir constamment de nouveaux plans pour minimiser vos pertes et maximiser vos revenus, et ajustez-vous toujours afin que vous puissiez profiter de toutes les opportunités pour obtenir une plus grande part du gâteau.

La formule Forex Assassin et le cours Forex Power Strategy sont deux des outils de trading de devises les plus utilisés. Ces deux outils ont reçu de nombreuses critiques, mais leurs principes de fonctionnement sont complètement différents. En tant que trader Forex, comment comprendrez-vous quel est le meilleur outil pour vous? Pour vous aider à sortir de votre confusion, lisez la suite.

La formule Forex Assassin est conçue comme une solution aux problèmes de l'homme occupé avec le trading de devises. Cet outil est idéal pour une moyenne de 9 à 5 professionnels qui souhaitent générer des revenus supplémentaires grâce au trading Forex, mais ne peuvent pas prendre le temps de surveiller les marchés tout au long de la journée ou étudier des formules techniques complexes, des analyses et des graphiques.

Forex Assassin est une stratégie simple et pratique qui peut être utilisée avec peu ou pas de compréhension du fonctionnement réel du marché. Il faut généralement environ un quart d'heure par semaine pour préparer et attribuer une stratégie de trading, après quoi il vous suffit de vous détendre et de laisser le marché faire son travail.

C'est très simple, mais d'un autre côté, il est également assez limité, car il n'est pas nécessaire d'avoir une grande connaissance du marché. L'objectif est de permettre au mannequin de gagner de l'argent limité en minimisant vos chances de perte, ce qui n'est cependant pas le meilleur moyen de gagner le plus d'argent.

En revanche, l'outil Forex Power Strategy propose un cours détaillé et approfondi sur la dynamique et l'économie du marché. Il prend en compte une grande quantité de matière et inclut tous les niveaux de commerce. En conséquence, un gros investissement de temps et d'attention est nécessaire pour tirer le meilleur parti du cours et absorber ses leçons. Donc, à moins que vous ne puissiez y consacrer suffisamment de temps, l'outil Forex Energy Strategy n'est pas pour vous.

Mais en retour, vous êtes confiant qu'à la fin du cours, vous aurez acquis une meilleure et plus solide compréhension du fonctionnement du marché, et donc votre potentiel de gain sera d'autant plus élevé.

Mais quel que soit l'outil que vous choisissez, utiliser l'un ou l'autre vaut mieux que de trader aveuglément le marché et de vous retrouver avec de grosses pertes.

 STRATÉGIES FOREX

Le bon moment dans le commerce de forex

Lorsque vous voyez une opportunité commerciale, le facteur décisif est de savoir exactement quand acheter. Malheureusement, c'est le point où la plupart des gens perdent l'argument en synchronisant leurs niveaux d'entrée de manière incorrecte. Mais voici quelques directives de base pour vous aider à traverser ces moments cruciaux:

Utilisation appropriée du support et de la résistance

Si vous essayez d'utiliser la règle fondamentale du marché boursier - "acheter bas, vendre haut" - dans le trading Forex, vous perdrez en fait de l'argent. Pour comprendre, il est nécessaire de savoir comment fonctionne le système de support et de résistance.

Un prix de soutien est un prix historiquement prouvé auquel les commerçants interviennent et achètent, afin de «soutenir le marché». Plus ce prix est testé, plus le prix de support sera bancable.

Inversement, un niveau de résistance est défini comme un niveau auquel "les prix ont résisté à la hausse". Dans ce cas également, plus ce niveau sera testé, plus il sera fiable.

Pourquoi acheter bas et vendre haut ne fonctionne pas

La raison pour laquelle cette sagesse traditionnelle est contre-productive dans le commerce de forex est que si vous attendez vraiment que les prix baissent, vous finirez par manquer certaines des meilleures opportunités de gagner de l'argent. Considérez: Quand une devise commence à récupérer, quelles sont les chances qu'elle se retire?

Et si ça ne se stabilise pas? Si vous continuez à vous attendre à un retrait, vous pourriez finir par ne jamais entrer dans le trading car la plupart des changements de devises surviennent à partir de nouveaux sommets du marché et sans aucun retrait.

Donc, si vous prévoyez de concentrer votre stratégie de trading Forex sur l'attente d'une entrée aux prix de support, réveillez-vous! Vous pouvez perdre dans les métiers les plus rentables. Ce que votre stratégie de trading Forex devrait viser, c'est plutôt "acheter haut et vendre plus haut", c'est-à-dire que vous devriez essayer de faire le contraire de ce que font les gens en général. Essayez de surveiller toute avancée dans le support et la résistance, puis vendez et achetez ce qui est approprié.

Vous devez avoir le courage, mais vous gagnez de l'argent

La politique d'aller contre la foule demande du courage pour pratiquer. Mais pensez à la stratégie la tête froide et vous verrez que c'est la chose la plus logique que vous puissiez

 STRATÉGIES FOREX

faire. Combien de fois avez-vous entendu parler de commerçants achetant du soutien, mais le marché continue sa chute libre, rompant le soutien?

Et encore une fois, n'avez-vous pas entendu dire que le prix continue de grimper et n'atteint jamais le support, ce qui fait que le trader manque de profiter de la tendance?

Ainsi, au lieu d'être traditionnel et de perdre de l'argent, il est plus facile d'adopter la politique d'évasion: vous ne vous sentirez pas à l'aise d'entrer, mais vous gagnerez de l'argent. L'astuce consiste à briser le modèle établi par la majorité perdante et à faire ce qui est productif et logique compte tenu de la réponse commune et prévisible.

 STRATÉGIES FOREX

L'importance des graphiques Forex en temps réel

Voulez-vous gagner de l'argent sur le marché des devises? Pour y parvenir, vous devez posséder des connaissances techniques approfondies, axées sur la capacité de suivre les taux de change, grâce à l'interprétation des graphiques forex réels.

Si vous êtes un amateur dans ce domaine, vous devriez rapidement découvrir des graphiques forex authentiques sur Internet ou vous pouvez opter pour de vrais graphiques forex gratuits. La meilleure option, cependant, est de prendre l'aide d'un logiciel gratuit de reconnaissance de cartes et de le maîtriser, vous êtes bien préparé pour cette entreprise.

Les graphiques forex en ligne vous tiennent à jour sur les valeurs des devises à tout moment, même entre de courtes périodes de temps, telles que des minutes, et de longs intervalles, tels que plusieurs années. Les graphiques qui représentent les fluctuations des taux sont des graphiques linéaires, des graphiques à barres ou des graphiques en chandeliers.

Les graphiques linéaires sont faciles à interpréter et vous aident à examiner de manière approfondie les hausses et les baisses de prix. Il vous aide à suivre la tendance actuelle du mouvement du taux de change. En revanche, les graphiques à barres ne sont pas aussi lucides que les graphiques linéaires, mais fournissent des informations très détaillées.

Pour résumer, la longueur d'un graphique à barres représente le montant des prix à la hausse ou à la baisse et l'ampleur donne la durée, ce qui a été le cas. Les taux de début et de fin sont mentionnés sur le graphique afin que vous puissiez identifier la plage et s'il s'agit d'une baisse ou d'une hausse. Il existe un logiciel de reconnaissance des formes qui interprète les graphiques à barres pour vous et vous facilite la tâche.

Les Japonais ont été les premiers à utiliser des graphiques en chandelles pour déterminer la quantité de leur production de riz. Depuis lors, ils sont devenus de plus en plus populaires. Bien qu'ils soient similaires aux graphiques à barres, ils sont colorés.

Chaque couleur agit comme un code pour signifier la hausse ou la baisse du prix. L'index est écrit sur le graphique lui-même. Par conséquent, les graphiques en bougies sont beaucoup plus faciles à utiliser que les barres. Les graphiques des bougies ont des motifs uniques et sont si jolis qu'ils doivent leur nom à des beautés naturelles. Dès que vous pouvez identifier le modèle particulier, vous identifierez la tendance du marché.

Un graphique en devises réelles est souvent complété par de nombreux indicateurs techniques tels que la tendance, la force, la volatilité et les mouvements cycliques. Un graphique forex est utile en soi, mais ces informations d'accompagnement sont fournies pour faciliter votre tâche d'analyse de marché afin de prédire à la fois les mouvements du marché et le volume du marché.

STRATÉGIES FOREX

Calcul des intérêts sur Trading Forex

L'une des meilleures choses à propos du trading Forex est le fait que l'on peut trader en utilisant un effet de levier, donc emprunter jusqu'à 1000 fois votre capital afin de trader. Cependant, emprunter de l'argent pour échanger des devises est identique à emprunter à d'autres fins: les intérêts doivent être payés sur le prêt.

Cependant, étant donné que le trading de devises implique à la fois l'achat et la vente, les intérêts sur votre prêt peuvent être compensés par les intérêts gagnés dans la devise que vous achetez. Avant de passer à des exemples concrets, examinons les taux d'intérêt en général, pour voir comment ils affectent le marché des devises.

Dans les banques centrales, les taux d'intérêt sont fixés en fonction de la politique monétaire d'un pays: des taux d'intérêt élevés rendent la monnaie plus chère à acheter et des taux d'intérêt bas la rendent moins chère.

Imaginez que le gouvernement d'un pays à forte inflation vous aide à comprendre comment les taux d'intérêt sont utilisés.

Le gouvernement, en raison de la hausse rapide des prix, pourrait décider d'augmenter les taux d'intérêt. Cela augmenterait le coût de la monnaie du pays et réduirait la demande et la consommation, car les prêts seraient plus chers.

Cela entraînerait à son tour une baisse des prix et des taux d'inflation. De même, un pays en récession pourrait baisser les taux d'intérêt pour relancer l'économie du pays, car une baisse du prix de la monnaie entraînerait une augmentation de la demande et donc de l'offre.

Les taux d'intérêt fixés par les banques centrales déterminent également le taux auquel les banques commerciales peuvent emprunter auprès des gouvernements et prêter à leurs clients, y compris les traders de devises. Ce qui nous dit comment les taux d'intérêt affectent ce commerce.

Un opérateur qui, par exemple, achète du GBP / USD, doit emprunter des dollars pour acheter des livres, et donc payer des intérêts sur le USD et les gagner sur le GBP. Si le taux d'intérêt fixé par la Banque d'Angleterre pour la livre sterling est supérieur à celui fixé par la Réserve fédérale pour le dollar américain, l'opérateur gagnera plus avec les livres sterling qu'il a achetées qu'avec les dollars américains qu'il a empruntés, obtenant ainsi donc un avantage.

 STRATÉGIES FOREX

Cependant, à moins qu'il n'y ait une différence significative entre les deux taux d'intérêt, le résultat net sera marginal. De plus, alors que les taux d'intérêt sont fixés sur une base annuelle, les positions de négociation sont généralement ouvertes pour de courtes périodes. Cela permet de réduire considérablement tout gain ou toute perte de taux d'intérêt.

 STRATÉGIES FOREX

Les avantages du trading Forex automatisé

Le trading de devises est aujourd'hui la forme d'investissement préférée d'un nombre croissant de personnes. Il est clair pourquoi il en est ainsi.

En tant que plus grand marché commercial du monde, le marché du Forex a un volume commercial en constante augmentation, qui est passé d'environ 500 milliards de dollars à près de 2 billions de dollars au cours des vingt dernières années.

De plus, puisqu'il n'est lié à aucune salle de marché particulière, il s'agit d'un marché exceptionnellement liquide. Le fonctionnement 24h / 24 en fait également un marché ouvert en permanence. Par conséquent, comme de nombreux marchés ouvrent et ferment en même temps, les marchés du monde entier peuvent être suivis efficacement.

Par conséquent, les grands et les petits traders sont attirés par le trading Forex. Ils bénéficient d'un large éventail de stratégies de trading basées sur les différents aspects des taux de change. De nombreux commerçants entrant sur le marché trouvent les différentes choses qui affectent les taux de change très attrayantes pour une raison très simple: ils peuvent utiliser une large gamme d'outils lorsqu'ils travaillent sur ce marché passionnant et stimulant.

L'automatisation est peut-être la plus grande influence aujourd'hui sur la croissance future du marché Forex, car elle apporte plus d'avantages que d'inconvénients. Les systèmes manuels qui tentent de fonctionner dans un environnement volatil au rythme rapide entraînent plusieurs pertes.

Un simple retard dans l'achat et la vente peut entraîner une série de pertes dans un système manuel et ainsi causer une immense frustration à l'opérateur. Le trading automatisé du Forex permet aux échanges d'avoir lieu n'importe où dans le monde, en temps réel, et élimine les pertes observées dans les systèmes manuels.

La négociation sur un large éventail de marchés de devises différents en même temps, sans se soucier des fuseaux horaires des lieux en question, est un autre avantage que le trading Forex automatisé apporte. Assis à New York à 2 heures du matin, vous pouvez faire des affaires avec des marchands de différents pays à l'autre bout du monde, simultanément et avec une grande facilité. Tout cela grâce au trading Forex automatisé.

La gestion des risques est souvent une source de préoccupation pour les traders, mais même cela est réduit avec le trading automatisé du Forex. Les paiements peuvent désormais être synchronisés en temps réel, ce qui laisse les opérateurs satisfaits, contrairement aux opérations manuelles, où il y a toujours une incertitude sur le paiement effectué après la fin de l'opération. Le système de trading automatisé se développe progressivement, laissant espérer que le système de règlement sera mis à jour et que les risques de marché disparaîtront bientôt.

S'il existe une technologie qui a progressé à pas de géant ces dernières années, c'est bien la technologie informatique. En fait, il devrait continuer de croître pendant de nombreuses années. Plus important encore, les progrès de la technologie informatique sont bons pour les traders qui souhaitent accéder au meilleur trading Forex automatisé.

Accéder à la technologie facilement et à moindre coût dans le confort de la maison des commerçants signifie qu'ils peuvent gérer facilement leurs propres investissements. Par conséquent, le trading de devises automatisé sera un ajout bienvenu à un véhicule d'investissement entièrement formé pour ceux qui opèrent dans le monde de la monnaie.

 STRATÉGIES FOREX

Choisir le bon logiciel de trading Forex automatisé

Le trading de devises automatisé a ses propres avantages. Ici, tout ce que vous avez à faire est de suivre les signaux commerciaux qui sont générés et si vous êtes en mesure de les exécuter avec discipline et si votre système est logique, vous pouvez facilement accumuler des bénéfices.

Avant d'examiner les différentes façons de réaliser des bénéfices grâce à ce logiciel, examinons ce qu'il ne faut pas faire.

De nombreux commerçants trouvent des robots forex en ligne et les achètent. Mais sachez que la plupart de ces pièces sont des déchets et n'ont jamais été échangées en

temps réel. Jetez un œil à l'historique, puis à l'avertissement. C'est probablement hypothétique ou stimulé et ce n'est pas une indication sûre des résultats futurs. C'est bizarre comment quelqu'un peut simplement passer un test et dire qu'il en gagne de l'argent.

Bien sûr, ils font de l'argent pour le vendeur, ils obtiennent la vente du logiciel et le marchand est fouetté sur le marché. Personne ne reçoit 100 000 $ de revenu annuel pour 100 000 $. Vous ne gagnerez jamais d'argent grâce à ces systèmes stimulés, alors essayez de vous en éloigner.

Jetons maintenant un coup d'œil à la façon dont le trading automatisé de devises se fait de manière appropriée et discutons des options.

Achetez un système dont l'historique a été vérifié pendant deux ans. Ils ne sont peut-être

pas bon marché, mais ils peuvent se payer plusieurs fois. Vous devez simplement vous assurer que vous comprenez et acceptez la logique avant de commencer à l'utiliser.

Essayez les systèmes gratuits. Recherchez nos autres articles pour en savoir plus à leur sujet et vous découvrirez pourquoi c'est un excellent endroit pour commencer votre carrière automatisée de trading forex.

Allez-y, construisez le vôtre. C'est plus facile qu'il n'y paraît. C'est aussi une meilleure façon de fonctionner car si vous construisez et personnalisez le système, vous gagnerez en confiance et pourrez fonctionner avec discipline, même pendant les périodes de perte.

Si vous décidez de construire un système vous-même, nous l'avons couvert dans nos articles. Mais la meilleure façon d'y parvenir est d'échanger les flambées, vers de

nouveaux hauts ou bas, d'avoir des indicateurs de momentum pour chronométrer vos mouvements et de se concentrer sur les tendances à long terme. Plus c'est simple, mieux c'est. Cela vous permettra de faire face à l'évolution des conditions du marché. Le remplir avec trop d'indicateurs pourrait le gâcher.

Une fois que vous possédez un système, procurez-vous un progiciel forex, programmez les règles et tout est prêt.

Gardez à l'esprit que tous les systèmes de trading de devises, y compris les meilleurs, subiront des pertes qui peuvent durer longtemps. Vous devez continuer à fonctionner jusqu'à ce que vous frappiez un home run et en raison de cette discipline et de la gestion de l'argent, cela est nécessaire.

Si votre système est composé de 50 à 100% par an, vous faites partie du meilleur logiciel de trading forex automatisé et pouvez trader les marchés et profiter du succès du trading de devises.

 STRATÉGIES FOREX

Visitez notre site web! Obtenez d'autres livres de MENTES LIBRES!

https://www.amazon.fr/MENTES-LIBRES/e/B08274DDV4?ref_=dbs_p_ebk_r00_abau_000000

Si vous le souhaitez, vous pouvez laisser votre commentaire sur ce livre en cliquant sur le lien suivant afin que nous puissions continuer à nous développer! Merci beaucoup pour votre achat!

https://www.amazon.fr/dp/B089BX88V6

www.ingramcontent.com/pod-product-compliance
Lightning Source LLC
Chambersburg PA
CBHW05025220526
45465CB00002B/687